大丈夫。あと少しで、きっと解ける。

人生はドリル

河内宏之

GENTOSHA

はじめに

みなさん、はじめまして。河内宏之《かわちひろし》です。アカデミー・グループという総合教育機関の代表を務め、40年になります。

アカデミー・グループは、単なる進学塾ではなく、英才幼稚園、インターナショナル幼稚園、個別指導の塾、集団授業の塾など、数多くの教育機関を運営しています。

これらの教育を通じての私の願いはただひとつ。

「世界に羽ばたく日本人をつくること」

日々、子供たちと触れ合う中で強く思うことがあります。それは、

「子供たちはダイヤモンドの原石である」

ということ。磨けば、どんどん輝き、思いもかけない大輪の花を咲かせてくれます。

期せずして入ったこの道ですが、今では「教育という道を選んでよかった」と、心の底から思っています。

大学卒業後、私が就職したのは、祖父、父と二代にわたり奉公した地元・栃木県の銀行でした。

「取りあえず決めた」と言ってよい就職先でした。もともと自分のことを「団体や組織には向いていない」と思っていましたし、銀行員のお決まりの白シャツよりもピンクのシャツのほうが好みでした。髪はあろうことか、当時のフォークバンドの名残を残す長髪でした。

ピンクのシャツを着た長髪の銀行員。上司や先輩からはことごとく小言を頂戴しましたが、「仕事さえきちんとすれば、文句はないだろう」と、自分のスタイルを貫きました。そして入社して3年が経つ頃、「このまま銀行に勤めていたら、俺はきっと、役員にはなるなあ。いや、頭取もあるかもしれない……」

赤面の至りですが、世間知らずの若者はそう思ったのです。そして、「そんな先が見えてしまうような人生、つまらないじゃないか」とばかり、ありがたくも引き止めてくださる先輩の方々のアドバイスも聞かず退社を決めました。

しかし、銀行を辞めたとたんに収入はゼロ。私はまず生活の基盤をつくるため、母の知り合いのお孫さんの勉強を見ることにしました。

教材は、子供が持ってくる教科書。机と椅子は、近所の小学校で使わなくなったものをもらってきました。机はあまりにもボロボロだったので、表面に黄色いペンキを塗って、なんとかごまかし、先生ひとり、生徒ひとりの塾がスタートしたのです。

ところが、私の教え方がよかったのか、その子の素直な性格が功を奏したのか、「あそこの先生はよく見てくれる」と、評判が評判を呼び、ひとりふたりと生徒が増えていきました。

もともと、教えることが好きなわけでも、大志を抱いていたわけでもなく、ただ食べるために、場つなぎ的に始めた塾です。生活の基盤がある程度できたら、男として人生を賭けてもいいような大きな仕事に取り組むつもりでした。

「これ以上、生徒が増えませんように……」

罰当たりかもしれませんが、当初の私はそう祈っていました。しかし、その祈りに反し、生徒数はなんと1年で100人、2年で200人、3年で300人にまでどんどん増えてしまいました。

これは思わぬ誤算でした。ここに至っては、やめるにやめられません。

なぜ、私の塾がこれほど大繁盛したのでしょうか？　思うに、私はやってくる生徒を命がけで教えていたのです。

私の言葉に一生懸命、耳を傾ける子供の顔。これまでできなかった問題ができるようになったときの、弾けるような笑顔。それらは、私の胸を大きく揺さぶるものでした。

それまでの人生で感じたことのない喜び、感動を私は子供たちに与えられていたのです。

「生徒が増えませんように」と祈る一方で、私は「子供のためなら死んでもいい」とさえ思い、日々、真剣に指導していました。

少子化の今では考えられない話かもしれませんが、当時は、成績が悪い子や不良の子などは、入塾拒否するところが多かったと思います。しかし、私はどんな子供でも分け隔てなく受け入れました。

今では許されない話ですが、教室では竹刀《しない》を持ち、優等生でも劣等生でも平等に叩《たた》いて教えていました。

もちろん、叩くのは授業中のおしゃべりや宿題をしてこないなど、ルール違反をしたときのみ。授業中のおしゃべりは頭を、宿題忘れはお尻を叩くのみで、「問題が解けないから」「テストの出来が悪かったから」といって、叩いたことは一度もありません。

それぞれが自分のできることを精一杯やって、昨日よりも今日、今日よりも明日向上すればいい。点数は後からついてくる、とずっと思ってやっています。そして、実際にそうなのです。

当時、全国の例にもれず、栃木県の中学校もとても荒れていて、校内暴力は当たり前、学校のトイレの便器の中にはタバコの吸殻が山ほど投げ込まれている有様でした。

私の塾にも、タバコのにおいをぷんぷんさせている中学生が何人かいたものです。

そんな「不良」と呼ばれる生徒がある日、私に言いました。

「先生、俺は学校で、授業中に指されたこともないし、叩かれたこともなかった。ここでは初めて、どっちもしてもらった」

中学校の教師の中には、タバコを吸っている生徒を無視するばかりか、授業中も「いないもの」として扱うような人がいたようです。

授業に出ても、先生は無視。悪いことをしても、無視。彼らはどんなに寂しかったことでしょう。

叩かれることすら、そこに愛情があれば、子供にとっては喜びになるのです。

「自分を本気で気にかけてくれている」

そう思えば、子供たちはどんどん心を開き、その子本来のいいものを見つけ、自分自身で磨いていってくれます。不良の生徒の中からは、その後、社長になるなど、立派に育った子が何人も出ています。

私は、子供というものは劣等生でも不良でも、どんな子でも「ダイヤモンドの原石」だと思って、接してきました。ダイヤモンドの原石を磨くのが、教育者の仕事なのです。

そして今、改めて思うことは、

「大人になっても、人間はみなダイヤモンドの原石だ」

ということです。

人はいくつになっても成長できる。「変わりたい」と思えば変われるし、「輝きたい」と思えばいくらでも輝けるのです。

でも、それには条件があります。それは「人生のドリル」の問題を逃げることなく、真正面から解き、乗り越えていくこと。

人間、生きていれば日々、思わぬ困難に襲われます。「こんなこと、解決するのは絶対無理」と途方に暮れるような問題に直面することも一度や二度ではないはずです。

信じられないかもしれませんが、そうした困難や苦労は、私たちを「成長させよう」と思ってくれている神様からのプレゼントなのです。

頑張って解けば、解いただけ、これまでとは違う自分が待っています。そこに広がるのは想像以上に素晴らしい景色です。

困難に直面したとき、喜々として立ち向かう私の姿を社員や家族は不思議そうに見ていますが、それはこうした考えをもっているからです。

神様は、あなたが必ず解ける問題しか出しません。あなたの目の前に今、高い高い壁があろうとも、越えられる日が必ずやってきます。もしかしたら、その瞬間はもうすぐそこまで来ているかもしれません。

今、どんなに苦しくても、決してあきらめないでください。

この本があなたの苦しさを少しでも和らげることができますように。絶望の淵にいるとしても、一筋の光で照らすことができますように。

幸せに向かって、あなたの背中を押すことができたとしたら、これほどうれしいことはありません。

大丈夫。あと少しで、きっと解ける。

人生はドリル

目次

第1章 人間関係に悩む
——あなたへのドリル——

第2章 自分に自信がもてない ——あなたへのドリル——

第3章

子育てに悩む
――あなたへのドリル――

第4章
今、「逆境」にいる
――あなたへのドリル――

装幀　石川直美（カメガイ デザイン オフィス）
編集協力　株式会社天才工場　吉田浩
秦まゆな
斎藤香
DTP　美創
カバーイラスト　Yuliya Derbisheva VLG/Shutterstock.com

第1章

人間関係に悩む
——あなたへのドリル——

相手への苦手意識が顔に出てしまう

職場や学校、周辺に苦手な人がいない。そんな人はきっと少ないでしょう。誰にでも経験があることだと思うのですが、苦手意識のある相手にはなかなか歩み寄れません。挨拶しようと思っても、ぎこちない笑顔になってしまったり、目が合わないよう気づかない振りをしたり、不自然な行動が多くなってしまうものです。

そのときのあなたの顔には、おそらく「ああ苦手。早く、この人から離れたい」という思いが大きく書かれています。自分ではうまく隠しているつもりでいても、ほぼ100％の確率で、それが相手にも伝わってしまっていることでしょう。

私は今でこそ苦手な人も嫌いな人もいませんが、銀行に勤務していた若い頃、とても苦手な上司がいました。

コンピューターがなかった時代、伝票などもみな手書きをしていました。その上司は私が書いた伝票を見ては、数字が「1だか、7だかわからないぞ」と言い、伝票を私に向かって投げて返すのです。

銀行なので数字に厳しいのは当然ですが、「投げて返さなくてもいいじゃないか」と、そのたび嫌な気持ちになりました。

その上司とは、私が支店を異動になるまで、気まずい関係が続きました。振り返れば、私が上司を「苦手」と思う気持ちが大きくなるにつれて、上司の私への態度も厳しくなっていったように思います。私の中の負の感情は確実に上司に伝わり、私にはね返ってきていたのです。

隠そうとしても、相手には筒抜け。それならば、それを逆手にとってみるのはどうでしょう。

「苦手」という思いが隠そうとしても相手に伝わるのなら、「好き」という思いも伝わる、そうは思いませんか？

「嫌いだ」と思っていたら、生まれるのは互いへの負の感情です。でも「いい人だな」「好きだな」と思っていたら、互いへの好意が育まれます。

今、「苦手だな」と思っていても、相手のすべてを知っているわけではないでしょう。もしかしたら、いい部分もどこかにあるかもしれません。相手をよく知らないうちから、背を向けなくてもいいじゃないですか。

「苦手かな？」と一瞬でも思ったら、先にあなたから笑顔を送ってみましょう。笑顔は相手の心の中に、あなたへの好意を芽生えさせる種です。あなたから積極的に種を蒔《ま》いていけば、あなたの周りはあなたへの好意で満ちていきます。

塾の経営に悩んでいた時期、ある人に言われた言葉を私は今も忘れることができません。

「最近の塾長はいつも眉間にシワを寄せています。大変なのはわかりますが、そんなときこそ、笑顔でいてください。苦しいときの笑顔は、苦し紛れの笑顔かもしれないけど、続けていれば心からの笑顔になりますから」

そう言われ、私は毎日、鏡の前で笑顔をつくる練習をしました。無理をしてでも笑顔でいるようにしました。

すると、気持ちまで少しずつ明るくなっていき、私の周りにいる人たちにも笑顔が増えていきました。そして、笑顔の数に呼応するようにして、塾の業績も上がっていったのです。

最初は嘘《うそ》の笑顔だったとしても、好意の芽が育つにつれて、本物の笑顔に変わっていきます。
笑顔の力を信じましょう。苦手な人なんて、身近にいないほうが幸せなんですから。

「苦手かな？」と思ったら、あなたから先に笑顔を送ろう。

最初は嘘の笑顔でも、好意の芽が育つにつれて、本物の笑顔に変わる。

なぜか周囲から無視されるようになった

ある日、思いもかけず、人に無視される。そのときのショックはとても大きいものでしょう。

社交的で友達が多い人であっても、ひとりに無視された痛みは大きいもの。それが、内気で友達も少ない人であったり、無視してくる相手が集団であったりしたら、そのつらさは筆舌に尽くしがたいものだと思います。

なぜ無視されるようになったか、その原因を探して、自分なりに修正していく、という努力も必要かもしれませんが、まずは自分からのコミュニケーションをあきらめないでください。

コミュニケーションの第一歩は、挨拶です。

私の塾の生徒でも、中学生になると恥ずかしいのか、挨拶できない子が増えてきます。

「こんにちは！」「お疲れさん！」と声をかけても、無視。目が合っていても、まるで私の姿が見えないかのように無視して通り過ぎていきます。

何年、教育に携わっていても、思春期だからとわかっていても、実は結構こたえるものです。

でも、私は無視されても変わらず、会うたび挨拶をし続けています。

私から挨拶をやめるということは、生徒との絆《きずな》を自分から断ち切ってしまうようなものだから。

そして、無視されても挨拶を続けている限り、いつか生徒も挨拶を返してくれるようになるからです。

私を無視し続けていた生徒が挨拶を返してくれたとき、そこがチャンスです。私は「いい挨拶だね！」などと、思い切りほめることにしています。すると、その生徒は次には自分から挨拶してきてくれるようになるのです。

友人関係と一緒にはできないかもしれませんが、ほめられてうれしいのは誰しも同じ。コミュニケーションを円滑にする知恵といえるかもしれません。

それと、やはり笑顔が味方です。挨拶が難しいようなら、せめて笑顔を送りましょう。

無視してくる相手に送るのが難しいのなら、それ以外のところでとびきりの笑顔で挨拶するようにしましょう。学校でもオフィスでも、よく行くコンビニやパン屋さんでもいいのです。「笑顔で挨拶」を意識することで、心が晴れやかになっていきます。

笑顔には、あなたが想像する以上に大きな力があります。苦しいときこそ、明るく笑顔でいましょう。あなた自身が光になることで、暗い日々に輝きをもたらすことができるのです。

あなた自身が光になれば、
暗い日々にも
輝きをもたらすことができる。

苦しい時こそ笑顔を。
あきらめてしまったら、そこで絆は断ち切られる。

上司や先輩が自分にだけ厳しく感じる

大学時代、2回ほど渡米したことで、私は自分の意見を主張することを覚えました。議論はたとえ反対意見でも自分の意見を述べ合い、互いを認め合うためにあるもの。主張すべきところは主張する。主張できない人間、意見のない人間は認めてもらえない社会です。

帰国後、入社した銀行でもアメリカで学んだことを活《い》かし、対立も恐れず、自分の意見をしっかり言うことを心がけていたら、上司や先輩たちから「生意気だ」と、にらまれてしまいました。

「日本の、会社という組織の中では、はっきり意見を言っては駄目なのか」と思った私は、今度は上司や先輩の言うことになるべく合わせるようにしました。すると、今度は「自分の意見のない、ただ人に合わせる男」だと思われるようになりました。

主張しても駄目、調和しているだけでも駄目。そこでようやく私が見つけ出した答えが「和して同ぜず」でした。

人間関係においては、あくまでも「調和」を意識する。しかし、何にでも同調はしない。反対意見であっても、「正しい」と思うことは言うが、衝突はしないよう、気を配る。そうやっていくことで、難しい人間関係を乗り越えられたのです。

職場での人間関係は、役職など上下関係のみでとらえられがちです。そのため、本来もっとも大切な「人間同士の付き合い」というものがおざなりにされてしまいます。

人としての交流のない上下関係は、単なる型です。血が通っていないのですから、簡単に摩擦が生じます。

銀行員時代、行内でも特に厳しいことで、みなから恐れられている部長がいました。けれど、私は部長が好きでした。それは寮が一緒でよく顔を合わせており、仕事を超えて、何でも話せる相手だったからです。職場の外ということで、つい生意気なことも言ってしまう私に対し、思慮深い言葉で諭してくれる部長を私は尊敬し、臆することなく意見を述べる私を部長も認めてくれているようでした。

人間関係が上手に築けていたからか、私はその部長に理不尽に厳しくされることはありませんでした。たとえ叱られることがあっても、部長の思いを理解することができましたし、素直に反省できたのです。

あなたにつらく当たる上司や先輩のことを、あなたはどれくらい理解していますか？「嫌われている」と思ったら最後、相手の思いを正しく受け取ることができません。

上下関係ではなく、一対一の人間関係。「上司」ではなく、ひとりの人間として、尽くすべき礼を尽くしてみてください。

上司や先輩があなただけに厳しいのであれば、あなたのどこかに原因があるのかもしれません。何が間違っていたのか、どこかで失礼なことをしていないか、今一度、自分を振り返ってみることも忘れないでください。

まず大切にすべきは
一対一の人間関係。
人間としての礼を尽くそう。

血の通っていない上下関係は、
単なる型でしかない。

部下や後輩から嫌われているようだ

私はかつて、部下に対して、大きな失敗をしました。

教師というものは、生徒が「わからなかったところがわかった」「塾に来て本当によかった」、そう思える授業をしないといけません。目に見えるような成果を出さなければ、評価されないのです。

しかし、授業がうまく進められず、生徒の信頼を得られない教師がいました。私はその教師に毎日、授業の進め方を指導しました。なかなか向上しない彼に、厳しい言葉を何度も投げかけたと思います。

結果、その教師は2年で退社。ライバル塾に転職しました。私から連日、厳しく指導されることに傷つき、何ひとつ認めてもらえていないように思ってしまったのでしょう。その思いは私に対する憎しみにまでなってしまったのです。部下のことを思っての厳しい言葉も双方に理解がなければ、ただの恨みの元になる。人間関係が築けていないところには、成果は生まれないのです。

銀行員時代に気づいていたことですが、当時の私は成果を上げることに必死なあまり、そんな大事なことすらも忘れてしまっていたのでした。

すでに「どうも部下に嫌われているようだ」と感じているのだとしたら、まずはその部下をよく理解することから、関係修復を始めてください。上司の威厳を見せようと雷を落としても、効果はありません。相手の心がより遠のいてしまうだけです。

部下を理解するために、私は『長所ノート』というものをつくりました。

「仕事の詰めは甘いところがあるが、実にきめ細かな対応ができる」など、部下の長所を見つけるたび、書き出していくのです。

部下ごとに書いていくので、どうしても長所の多い人、少ない人が出てきます。不思議なことに少ない人のことが気になり、一生懸命、長所を見つけようとしてしまうのです。

部下に限らず、人間というものは他人の長所よりも短所に目がいきがちです。でも、この『長所ノート』をつけていると、短所よりも長所に目がいくようになります。

長所の多い人間を人は嫌いになれません。自分の長所を見つけてくれる人間を嫌う人もいません。上司と部下に限らず、あらゆる人間関係を円滑にしてくれるノートだと思います。

『長所ノート』をつくり、周囲の人のいいところを書き出してみよう。

周囲の人の短所より
長所を探せる人間になろう。

夫の顔を見るのも嫌

私の幼稚園や塾に子供を通わせているお母さん方からは、日々さまざまな相談を受けます。以前、驚いたのが、ご主人についてのこんな相談でした。

「夫のことが許せない。大嫌いです。どうしたらいいでしょう」

「夫はいつも帰りが遅くて、家のことや子育ては私に任せっきり。本当に腹が立つんです。エラが張っているし、ひげ面だし、短足だし、もう顔を見るのも嫌です」

気持ちはわかりますが、夫婦仲が悪いと、大事なお子さんに想像以上の悪影響を与えます。夫婦は隠れてケンカをしているつもりでも、子供はその空気を敏感に感じ取るのです。ケンカに至らずとも、お母さんがお父さんに嫌悪感をもっているのもいいことではありません。なんとか、仲直りさせたいと思いました。そこで、お母さんにこう言ったのです。

「お母さん、今夜、ご主人の寝顔をじっくり見てあげてください。不満はたくさんあるでしょうが、ご主人が家族のために一日頑張って働いているのは事実です。それで、疲れて寝ているのです。だまされたと思って、『この人は私たちのために頑張ってくれているんだ』と思いながら、その寝顔を見てあげてください」

それからしばらく経って、そのお母さんが私にこう話しかけてきました。

「あれから、河内先生の言う通りに主人の寝顔を見てみました。すると主人が変わって見えてきたんです」

仕事で疲れ切ったご主人の寝顔を見ていたら、なんだか申し訳ない気持ちになり、翌朝、出社するご主人を「行ってらっしゃい」と笑顔で、大きく手を振って見送ったのだそうです。

毎朝、そうして見送るうち、ご主人も笑顔で「行ってきます」と言ってくれるようになりました。帰宅も以前より早くなり、家事なども手伝ってくれるようになったといいます。

「見るのも嫌だった夫の顔が最近では頼もしく見えてきて、短い足も大地を踏みしめてしっかり立っているように見えてきました。おもしろいものですね」

と、うれしそうに報告してくれました。

「見るのも嫌」と思っていたものも、少し視点を変えるだけで、180度違うものに見えてくる。短所に見えていたものが、長所に見えるようにもなるのです。「信じられない」と思うのなら、ぜひ実践してみてください。

当然ながら、家族は一番、身近な存在。その甘えから、つい扱いがぞんざいになってしまいがちです。

でも、あなたの人生において一番丁寧に接しないといけない相手は、実は家族。「いるのが当たり前」「わかってくれて当たり前」と思ってしまっている節があったら、ちょっと立ち止まって、「当たり前なことなど、この世にはない」と、自分に語りかけてみてください。

親子、夫婦、兄弟姉妹……、大切な関係が崩れそうになっていると気づいたときは、まず自分から視点を変え、丁寧に接してみましょう。

一番身近な家族こそ、
一番丁寧に
接しなければならない相手。

「いるのが当たり前」な存在など、
この世にはいないもの。

家族だから気を使わなくてもいい？

友人や仕事関係の人と一緒にいるとき、その場を盛り上げようと頑張る人はいても、家族といるときまでそうした努力をする人は少ないかもしれません。黙っていても気を使わなくていいのが家族。話したくないときは無理に話さなくてもいい、ありがたい存在です。

でも、それが過ぎると、「最近、事務連絡的なことしか、家族と言葉を交わしていない」という事態に陥ってしまいがちです。それぞれ忙しい生活の中では仕方がないのかもしれませんが、少し寂しい気持ちもする……。

そんなときはぜひ、いつもよりも丁寧な言葉づかいを心がけてみてください。名前を「さん」づけで呼んでみるのも効果が大きいものです。普段は奥さんのことを「おい」と呼ぶご主人が名前を「さん」づけで呼んだとしたら……。それだけで家の中の空気が変わるようではありませんか？

実は、私もかつて妻を「おい、泰子」と、呼び捨てにしていました。でも知人が奥さんを「さん」づけで呼ぶのに影響を受け、「泰子さん」と呼ぶようになりました。すると不思議なことに妻に対する言葉づかい全体がやさしくなったのです。

「さん」をつけると、乱暴な言葉は使えなくなります。「泰子、これやっておいて」と言っていたものが、「泰子さん、これお願いしたいんだけど」というように。

私にそんな影響を与えた知人は奥さんだけでなく、誰に対しても丁寧で、やさしいのです。一緒に食事をしていると、料理を運んでくれるウェイトレスさんひとりひとりにも、とてもやさしく接し、丁寧に「ありがとうございます」と言います。彼と一緒にいると、その場全体がやさしく温かい空気に包まれるようです。

それは丁寧な言葉づかいに加え、「ありがとう」と感謝の気持ちをしっかりと伝えているから。「ありがとう」は魔法の言葉です。感謝されて、うれしくない人間はいません。

最近、家族に感謝の気持ちを伝えましたか？　家族だけでなく、日常の中で、「ありがとう」と言うべきところを「ああ、どうも」「すみません」などという言葉で済ませていませんか？　それでは感謝は伝わりません。

大事な家族には丁寧な言葉づかいを。感謝の気持ちはどんな小さいことでも、その都度《つど》しっかりと伝える。そこから、少しずつ空気が変わっていくはずです。

大事な家族にこそ
丁寧な言葉づかいを。

感謝の気持ちは特に、
その都度しっかり言葉で伝えよう。

どうしても許せない人がいる

人を嫌い続けることは、実はしんどいものです。

許せてしまったほうが、好きになれたほうが、どれだけ気持ちが楽になるか……。それがわかっていても尚《なお》、許すことができない。心の中に重く暗いしこりのようなものを為《な》す術《すべ》もなく抱えたままでいる。

「あいつさえいなかったら……」、ついそんな思考にも陥り、ますます自分の中に負の感情が増殖していく。

考えただけでも、息苦しくなるようです。

今、この瞬間も私のことを「許せない」と思い、そんな負のスパイラルに陥っている人がいるかもしれません。

そんなことを想像すると、私は心から「ああ、悪いことをしているなあ」と、申し訳ない気持ちになります。

あからさまに負の感情をぶつけられたとしても、私はその相手を嫌いになることはありません。

なぜなら、みな同じように多くの苦労を背負いながら生きている仲間だからです。

人生は「肉体」といういぬいぐるみを着た旅です。魂だけならば、晴れやかに軽やかにいられるものを、私たち人間は「肉体」という重いぬいぐるみを自分に課して、この世に生まれてくるのです。

そして、生まれたら最後、数々の試練がやってきます。

それらから逃げず、いかにして乗り越え、解決していくか。悩んだり、傷ついたり、苦しんだり……、それらひとつひとつの経験が自分の魂を磨き上げていく。

人生はドリルを解いていくようなもの。

私はそう思っています。問題が多ければ多いほど、魂は磨かれます。

そう考えると、あなたが許せない人、苦手な人はあなたに問題を与えてくれる大切な人になります。

実際、苦労なく付き合える人よりも、問題のある人のほうが自分の欠点に気づかせてくれたり、自分と深く向き合うきっかけをくれたりするものです。

そして、その相手もあなたと同様に、重いぬいぐるみを身にまとい、一見、理不尽にも思えるような問題を日々、苦労して解いている仲間なのです。

そう考えれば、相手のことを少し許せる気持ちになりませんか？

ただでさえ難問だらけのこの道をいがみ合っていくよりも、励まし合って、
笑い合っていきたいものとは思いませんか？

あなたが許せない人、苦手な人は
あなたに問題を与えてくれる
大切な人。

人生の問題は多ければ多いほど、
魂は磨き上げられていく。

第2章

自分に自信がもてない

―― あなたへのドリル ――

失敗が怖くて、新しい一歩が踏み出せない

自分が周囲のお荷物になっているのではないか、と感じている人は、これまでの人生において、何か失敗をしたり、成果を上げられなかったりという体験があるのかもしれません。それにより、せっかくの期待を裏切る結果になってしまったり、迷惑をかけてしまったりした人は、新しい一歩を踏み出すのにもことさら勇気が必要なことでしょう。

しかし、成功とは、数々の失敗の上に成り立っているのです。

私は、我が社で一番多く失敗をしています。

起業してから4年目、事業を拡大しようと、2校、3校……と塾の教室を増やしました。

しかし、その試みはうまくいかず、あっという間に赤字に転落してしまったのです。私はすぐに撤退の決断をしました。

後から知ったのですが、このとき周囲はとても驚いたそうです。ひとつは決断から整理までが信じられないほどに迅速だったこと。そして、こちらのほうが驚きが大きかったようですが、落ち込んでいるはずの私がとても元気で、むしろ意気揚々と事後処理をしているように見えたこと。

言われてみればたしかに、当時の私は落ち込んでいませんでした。「社員の給料はきちんと払う」「人員削減をしない」などが信念である私にとって、それができなくなりそうな事態は迷うことなく「回避すべきもの」でした。

加えて「チャレンジに失敗はつきもの」と思っていましたから、「この経験を糧にして、次は絶対に失敗しないぞ！」と、すでに闘志のようなものも芽生えていたのです。

私はチェーン店経営について改めて学び、失敗の原因、改善点を探りました。そして数年後に再チャレンジ。順調に教室を増やし続け、アカデミー・グループを現在の姿にすることができました。

エジソンの有名な言葉です。

「人は『これ以上やっても駄目だ』というところであきらめる。やっと、それからだというのに」

「自分はお荷物」と思っている人は、まさに今、壁にぶつかっているときでしょう。

でもそこで高い壁を見上げて、「私には無理だ」とため息をついているばかりでは、本当に「お荷物」になってしまうだけです。

周囲から「お荷物」と見られている自覚があるのなら、反省して、学んで、「脱・お荷物」を目指しましょう。誰も手を引いて助けてはくれません。やるか、やらないか。決めるのもあなたなら、実行するのもあなた。失敗は、そのスタートラインなのです。

高い壁を見上げて、
ため息ばかりついていては、
「お荷物」になってしまうだけ。

失敗したときこそが、
成功へ向けてのスタートライン。

自分の失敗や実力不足を認めたくない

言い訳、嘘、ごまかしが多い人は、人生で損をしています。

人は誰しも心に、きれいな水で満たされた樽《たる》をもっています。言い訳や嘘を口にするたび、その樽に穴が開いていくのです。

小さな嘘によって開いた、針のように小さな穴だったとしても、そこからは水が漏れ出していきます。

樽の水は「力水」です。「ここぞ！」というときにパワーを与えてくれるものです。

表面上、頑張っていたとしても、一方で「力水」が漏れていたら、いったいどんなことが起きるでしょうか？

たとえば、実力が同等のAさんとBさんが同じチームでプロジェクトに取り組んだものの、成果を出せなかったとき。

Aさんは「なぜ失敗してしまったのだろう」と自問自答し、上司にも客観的な意見を求めました。厳しい言葉も言われましたが、自分では気づかなかった失敗の原因を学ぶことができました。

Bさんは「自分のアイデアを理解できない周りが悪い」「最初から見通しが甘すぎたんだ」などと、自分の失敗を認めず、反省もしませんでした。

どう思いますか？　Bさんの樽から大切な「力水」がどんどん漏れ出していくのが見えるようです。

言い訳をせず、自分の失敗や実力不足を素直に認め、上司や先輩に意見を仰ぎ、学び、修正していく。そんな人には「力水」がさらに満ち満ちていきます。言い訳をしない強さはその人の「地力」になっていき、周囲の信頼も得られるのです。

しかし、言い訳をする人は自分では頑張っているつもりでいても、「力水」は漏れ続けたまま。「地力」もついてきません。さらにBさんは、自分と同じ失敗をしたにもかかわらず、上司や周囲から信頼されるAさんのことを妬《ねた》ましく思うようになるかもしれません。

言い訳や嘘はそんな余計な負の感情までも連れてきてしまうのです。そんな人の将来に、本物の成功はやってこないでしょう。

あなたはなぜ言い訳をするのですか？　それが自分を守るためだとしたら、大間違いだということに早く気づいてください。

本当に自分を守ろうと思ったら、駄目なときでも言い訳をしないで、駄目な自分を受け入れること。反省して、そこから、ひとつでも多くの学びを得ること。

そうすれば、あなたの心の樽は「力水」でいっぱいに満たされていくはずです。

言い訳をする人間に、
守れるものも、
得られるものもない。

実力不足を素直に認め、
修正していけば必ず力はつく。

現状に不満ばかり抱えてしまう

世の中には成功を目指している人がたくさんいます。

成功の形は人それぞれ。出世、名声、権力……、そんな大げさなものではないにしても、自分が納得のいく「もう少し上」の状況を求めて、誰しも、もがいているように見えます。

人間は欲深い生き物で、現状に満足するということがありません。「もう少し上」「もう少し上」と、欲がどんどん膨らんでいくようです。

欲は「上昇志向」と言うこともでき、責められるばかりのものではありません。自分を叱咤《しった》激励し、高みを目指す人生もいいものでしょう。ただ、身の丈以上の欲は、身の破滅を招きます。

私が最初のチェーン店経営に失敗したとき、あれは明らかに実力不足でした。撤退を決めた、見極めのタイミングがよかったために大事に至らずに済んだのです。もし、あのまま続けていたら、続けた分だけ赤字が膨らみ、倒産してしまっていたかもしれません。

見極めは実に重要です。しかし、欲にかられて猛進している人ほど、その見極めができないのです。自分自身を過信し、「失敗などするはずがない」「なんとかなる」と思ってしまう。

大きいのは、見栄やプライド。他人から「失敗した」と見られることを恐れるあまり、正しい判断ができなくなってしまうのです。

しかし、これは我々経営者だけではなく、誰にでも起こりうることです。

たとえば仕事、子育て、家事に加え、習い事、ママ友付き合いに大忙しのお母さん。自分のやりたいことを我慢できずに、あれこれ手を出して、消化不良になった挙句、そのイライラを家族にぶつけてしまう……。

好きなことをやっていけないのではありません。自分の許容範囲を超えたら見直すことが肝心なのです。

「いっぱいいっぱい」と思いながらも、無理して続けてしまうと、子供に寂しい思いをさせたり、夫婦仲がこじれたり、家庭崩壊につながったりしてしまうかもしれません。

「いっぱいいっぱい」と思ったら、抱え込んだものを見比べて、手放すべきものを手放してください。

人生で大事なのは、「捨てる勇気」をもつこと。そして、捨てるものを見極めることです。

今、やむなく捨てたものも、3年後には状況が変わり、またもてるようになるかもしれません。もしかしたら、あなたの許容範囲が大きくなって、難なくもてるようになっているかもしれません。

今のあなたにとって、本当に大事なものはなんですか？

いっぱいいっぱいになったら、思い切って捨ててしまおう。

何年かしたら、手放したものもきっともてるようになる。

「親」としての自信がない

毎日のように、国の宝というべき子供たちにまつわる、さまざまな事件が報道されます。子供が被害者になる事件、加害者になる事件、いたたまれなくなるような悲惨な事件もあり、暗澹《あんたん》たる思いにとらわれます。

おそらく現在、子育て真っ最中のお父さんお母さんたちは「なぜこのような事件が起こるのだろう」と思っているのではないでしょうか。「我が子の身に起きたら……」と不安になったり、「今の育て方でいいのだろうか」と自信をなくしたりすることもあるかもしれません。

たくさんの子供とその親御さんに接してきた経験から言うと、人間の行動のひとつひとつは親と深く関係しています。子供は親の育て方、親の性格や考え方、日々の行動に大きな影響を受けてしまうのです。

失敗をしたときにお母さんがかけてくれた温かな言葉。そのときはわからなくても、いつかふと、母のやさしさに気づくときがあるでしょう。

また、仕事で疲れていても、休みの日は必ず一緒に遊んでくれたお父さん。子供の頃はその大変さがわからないでしょうが、社会人になるとお父さんの苦労とありがたさを身に染みて感じるようになるものです。

そういう経験をした子供たちは、自分が親になったとき、「自分もお父さんお母さんがしてくれたように、我が子にしてあげたい」と思うのです。我が子が大人になったとき、そんなふうに思い出してくれることを「これまでやってきた」と思えるお父さんお母さんは、自信をもって大丈夫です。

しかし、同様に悪いことも子供の心に残ります。「つらかったときに放っておかれた」「自分を信じてくれなかった」という思い出は、子供の心に傷を残し、大人になっても癒やされることがないかもしれません。愛を注がれなかった子は、誰かに愛を注ぐことができなくなるかもしれません。

そんなことを言ったら、ますます子育てに自信がなくなってしまうかもしれませんね。

万能の親はいません。子供の甘えたい気持ちはわかっていても、疲れていて、ついついそっけなくしてしまうときもあるでしょう。感情的に怒ってしまうこともあるでしょう。

そんなことがあっても挽回できる方法があります。「永遠に子供の味方」でいてあげることです。たとえ世界中を敵にまわしても、お父さんお母さんは、絶対に子供の味方であってほしいのです。

親は、子供にとって太陽です。子供が落ち込んでいるときは明るく照らしてあげましょう。明るい言葉で元気づけたり、悲しいときは一緒に思いを共有したり、心も体も寄り添ってあげることです。

思春期の子供は声をかけても無視することもありますが、そういうときは、手料理が決め手になります。愛情というスパイスを存分に使ってください。

我が社でカレーを作って社員に振る舞ったときの話です。

「おいしくなりますように。カレーさんありがとう」と、声をかけながら作ったカレーの入った鍋と、何も言わずに普通に作ったカレーが入った鍋。材料も、言葉かけ以外は作り方も一緒。社員に内緒で、両方を食べ比べてもらったところ、全員、声をかけて作ったカレーのほうが「おいしい」という結果になったのです。これには私もびっくりしました。

愛情と心を込めて作れば、その料理はきっとおいしい。親の気持ちは料理からでもしっかり子供に伝わります。だから「家庭の味」というものがある。愛情は何よりもおいしい調味料です。

そして大切なのは、お父さんもお母さんも子供に注いだ愛情に対して、見返りを求めないこと。親の愛は片道切符、一方通行でいい。ギブ&テイクは親子の間では成立しないのです。

子供にとって、親は太陽。
絶対に「永遠の味方」でいてあげること。

親の愛は、子供が成長して初めて気づくもの。
そして、見返りを求めないもの。

誰からも愛されていない気がする

人は寂しくなったとき、孤独な自分を抱きしめて、「誰も私のことを必要としていない」「誰も愛してくれない」と思ってしまいがちです。

「愛されない」と嘆く前に考えてください。あなたは周囲の人をどれだけ愛していますか？

忙しく、休日出勤が続く恋人に「どこにも連れて行ってくれない」と怒っている彼女。毎日、ワイシャツにアイロンをきれいにかけているのに、夫からの「ありがとう」という言葉がないと不満な奥さん。気持ちはわかりますが「してくれない」と求めてばかりいると、愛は遠ざかって行きます。

愛情は五分五分ではありません。五分五分だと考えているから、「やってあげたのに、やってくれない」という不満が発生するのです。

愛情は100％与えるものです。

マザー・テレサは、

「私は貧しい方々に愛を与えているのではないのです。彼らがいるから私が奉仕をさせていただける。私は彼らに与えられているのです」

と、語っています。

自分がされるのではなく、何かをしてあげる対象がいるのがありがたいというのです。そして、彼女は世界中の人から尊敬され、愛される人になりました。

彼女のような崇高な精神には「一生かかってもたどり着けない」と思うあなた、少なくともこうは思いませんか？

愛する存在がいることは幸福なこと、と。

そもそも、人間は1組の男女が愛し合った結果、精子と卵子が結ばれて、何億分の1の確率で生まれてきた奇跡です。あなたはそんなラッキーな、オンリーワンの存在なのです。

そんな人が、誰にも愛されていないなんてあり得ない。あなたは確実に、「愛の奇跡」として、この世に生まれてきたのです。

そして、ここまで成長してきたということは、たくさんの愛も与えられてきた証です。もう愛情貯金は目一杯なはずです。その愛を今度は愛を待つ、誰かのために使いましょう。

愛は与えることから始まるのです。

人間ひとりひとりが、
何億分の1の確率をつかみとり、
この世に生まれてきている。

「愛の奇跡」のひとりとして、
あなたの愛を誰かのために使おう。

自分は価値がない人間のように思えてしまう

「自分は価値がない」と思う。

では、「価値がある人」とは、どういう人でしょう？　若いうちから起業して、バリバリ働いている人。誰からも尊敬される人。人を笑わせたり、明るい気持ちにさせるのがうまい人。

これらの人はたしかに素晴らしいです。でも、これに当てはまらないからといって、「価値がない」ということにはなりませんよね。

価値は人それぞれ。10人いたら10人が「素晴らしい」と認めるほどでなくても、人は誰でも取り柄、特技を必ずひとつはもっているものです。「パンケーキをふわふわに焼くことができる」「ノートを見やすく整理して書ける」「トイレ掃除が趣味、というくらいきれいにしている」など、どんなに地味でも、どんなに小さなことでもいいのです。自分の取り柄に、自信をもちましょう。

コンプレックスがあるのなら、チャンスです。そこにあなたの取り柄を発見できるヒントが隠されているかもしれません。

相撲界初の国民栄誉賞に輝いた千代の富士関には「軽量」というコンプレックスと、「肩がはずれやすい」というハンディキャップがありました。しかし「腕力が強い」という取り柄をさらに筋肉をつけることで磨き上げ、強い横綱へと上り詰めました。

イチロー選手は、強打者に不可欠なパワーが不足しているという弱点を、持ち前のバットコントロール力で克服。安打製造機と呼ばれ、「世界のイチロー」となりました。

彼らは自分の弱点を補うために、それぞれの取り柄を見つけ、磨き上げていったのです。

千代の富士関もイチロー選手も成し遂げたことが偉大なだけに「特別な人間」と思われがちですが、人間はみなダイヤモンドの原石。磨けば光る面が必ずあるのです。

「自分は価値がない」と思っている人は、まだ自身の取り柄に気づかず、ダイヤモンドを磨いていないのでしょう。磨けば光る、必ず光る。自分を信じて、できることを探して磨いていきましょう。

人間はみなダイヤモンドの原石。
磨けば光る面が必ず見つかる。

弱点やコンプレックスの中にも、
あなたの取り柄は隠されている。

第3章

子育てに悩む

――あなたへのドリル――

子供のクラスの人数が多くても、少なくても不安

塾を始めて40年、たくさんのお子さんとそのご両親を見てきて思うのは「悩むのは、お母さんの仕事なんですね」ということです。

幼稚園の保護者会で、あるお母さんがこう言いました。

「クラスに子供が7人しかいません。これでは社会性が身につきません」

一方、塾に子供を通わせているお母さんたちにはこう言われました。

「先生、1クラスに20名では多すぎます」

7名では少なすぎ、20名では多すぎる。

私は、幼稚園のお母さんには「7人なら、先生の注意がそのぶん行き渡ります」と言い、塾のお母さんには「重要なのは人数ではなく教師の質。教師がよくないと1対1でも結果は出ません。でも、うちの教師は大丈夫です」と言いました。

ここで注目していただきたいのは、それぞれの数字ではなく、「どんな環境でも、お母さんには、不安がつきまとう」ということです。

自分の子供は大事。自分の子供には、よりよい環境を与えたい。

そう思うのは、親である以上、当然のことです。

でも、特にお母さんはその思いが強すぎるあまり、いつも不安を手放せずにいるように見えるのです。

お母さんの愛情さえあれば、子供はどんな環境にいても、どんな苦難がやってきても大丈夫。

自信をもって、ふと不安にとらわれそうになったときは「悩むのはお母さんの仕事。世のお母さんはみんなそう」と、自分に語りかけてみてください。深呼吸して、別の角度から見れば、子供にとっては何の問題もないことのほうが多いはずです。

悩むのは、お母さんの仕事。
我が子が心配なのは、
あなただけじゃない。

お母さんの愛情さえあれば、
子供はどんなことでも乗り越えられる。

しつけと個性、優先すべきは？

幼稚園でまず、園児たちに教えること。

「脱いだ靴はそろえる」「座っているときは背筋を伸ばす」「立ったら椅子を机に入れる」「挨拶は大きな声で」「お辞儀は手がひざにつくくらい、しっかり腰を曲げる」。これらは我が幼稚園のしつけでもあります。

しつけを漢字で書くと「躾」。美しい佇《たたず》まいには、美しい精神が宿ります。そんな人間に育てるためには、小さい頃からこれらのしつけをきちんと身につけることが重要だと考えています。

ところが、あるお母さんから「子供の個性を育てることを考えると、全員に同じことを強制するのはどうかと思います」と、言われました。

そのとき私は「個性は成長過程で見つけていくもので、幼いうちはまず、挨拶や礼儀など社会生活の基本を教えることが大切なのですよ」と答えました。

しかし、そのお母さんは不満な様子で、結局、お子さんは幼稚園をやめてしまいました。

私は後から「個性をつぶすと思われてしまったのかもしれない。個性の大切さをまず認めるべきだった」と、反省しました。

しつけも個性も両方大切です。でも個性を育むのは、挨拶などがきちんとできるようになってからでも十分間に合うのです。

どんなに素晴らしい家を建てても、土台がしっかりしていなかったら何の価値もありません。挨拶や礼儀は人間としての土台、個性は家です。しっかりした土台の上に、その子その子の素晴らしい家を建てていけばいいのではないでしょうか。

その土台のなかでも、挨拶は実に大切。「一生の財産」といっても過言ではありません。

数学の公式は忘れても、一度身についた挨拶の習慣は忘れないもの。その財産を子供に与えるのは、親や周りの大人たちの大事な務めなのです。

どんなに素晴らしい個性でも、
礼儀を欠いてしまえば
価値はない。

挨拶は「一生の財産」。
それを支えるのは大人の大事な務め。

我が子が一番劣っている気がして仕方ない

「うちの子が一番劣っているかもしれない……」、そんな不安を抱いているお母さんも実に多いのです。

母と子の距離感は、父に比べてぐっと近いもの。俯瞰《ふかん》すれば長所も見えてくるのですが、近いとどうしても短所ばかりが目につくことになってしまいます。

それだけでも問題なのに、「あの子はできるのに、うちの子は……」と、他の子と比較までしてしまう。そして「どうしてあなたはできないの？」と怒ってしまう。お母さんにとってもお子さんにとっても、とても不幸なことです。

怒った後、夜中に子供の寝顔を見ながら「あんなにガミガミ言うんじゃなかった……」と反省するお母さんは多いと思います。お母さんだって本当は怒りたくないのですよね。

短所ばかりが目につくのは、子供が自分の思い通りにならないからでしょう。そのため、不安にもなるし、イライラもしてしまう。

子供は思い通りにならないものです。どんなに優秀そうに見えるよその家の子供だって、当の親からすれば「思い通り」にはなっていないはずです。

そんなことで心をいっぱいにせずに、毎日、ちょっとでもいいから、お子さんをほめてあげてください。「ごはんをおいしそうに食べるねえ」「本当に楽しそうに笑うねえ」など、どんなにささいなことでもいいのです。子供をほめることも努力です。「一日一善」と思ってやってみてください。

反対に、決してお子さんに言ってはいけないのは「駄目な子」「バカ」などの否定的な言葉。

子供は親を信頼しています。表面上、反抗している子ですら、心の奥底ではそうです。その親から「駄目」とか「バカ」とか言われると、子供の自信が揺らぎます。「どうせ自分はバカだから」と、子供自らが思い込んでしまうことにもなりかねません。

親の言葉がもつ力は想像する以上に大きく重く、子供の心にダイレクトに影響を与えるのです。

あの孫正義《そんまさよし》氏も、親から「天才」「天才」と言われて育ったといいます。それが事実かどうかは別として、親からのほめ言葉は子供の自信と才能を無限に伸ばしていくことがここからも感じられるでしょう。

我が子の短所ばかりを見つけては怒る。長所を努力してでも見つけてほめる。どちらが親にとって、子にとって、幸せなことでしょう。

優秀そうに見えるよその子も、
当の親からすれば
「思い通り」にはなっていない。

短所を見つけて怒るか、長所を見つけてほめるか。
どちらが幸せか考える。

ほめようとしても長所が見つからない

我が社の教師の三原則は「ほめる」「認める」「自信をつけさせる」です。なかでも、ほめることは実に大事なこと。お父さんお母さんに会う機会があるたび、「何でもいいから、お子さんをほめてください」と言うことにしているのですが、「ほめるところがないのです」という言葉が返ってくることが多いのです。謙遜《けんそん》かもしれませんが、本気で言っているとしたら大問題です。

私の場合、たとえば、塾のテストで100点満点中、前回のテストで20点だった生徒が30点をとったとき、「お前すごいぞ、前回から10点も上がったぞ！」

と、大いにほめてあげます。そういうときの生徒のうれしそうな表情は、教師冥利につきるものでもあります。

生徒は「ほめられたから、うれしい」ということもありますが、自分の前回の点を先生が覚えていてくれたこともうれしいのです。「自分を気にかけてくれている大人がいる」という事実は子供の心を正しく強くしていきます。悪いことのできない人間に育っていくのです。

一方、家に帰ってテスト結果を見せると、親は「30点？　またそんな点とって……」と、あからさまにガッカリしてみせます。そして、必ず「平均点は？」と聞く。子供にとって平均点なんて、どうでもいいこと。20点から30点に上がったことのほうがよっぽど大事なことなのに。

しかも、80点をとってきた我が子に「80点以上の子はどれくらいいるの？」、見事に100点をとってきた我が子にも「他にも100点とった子がたくさんいるんじゃないの？」とまで言う親が意外にも多いのです。

お父さんお母さん、お願いです。お子さん、頑張ったじゃないですか。どうぞ、もっとほめてあげてください。「ほめるところがない」などと言うのは、単なる怠慢です。

たとえテストの結果が0点だって「正直に見せて、偉いね」など、ほめるべき点はあるはずです。運動会の徒競走でビリだったとしても「走る姿は一番カッコよかったよ」「応援の声が一番大きかったね」など、いくらだって見つかるはずです。

私の塾では、先生たちに「とにかく生徒をほめるように」と伝えています。勉強が苦手な子は欲張らず、その子の一番得意な科目を頑張らせます。得意な科目は苦手な科目よりも点数が上がりやすく、ほめるところもたくさん出てくるからです。

そうしてほめることで、子供は自信をつけていきます。すると、不思議なことに苦手な科目も頑張れるようになるのです。得意科目につられて、苦手科目の点数も上がっていく。ほめればほめるほど、子供は伸びていきます。時には信じられないほどの成長を見せてくれます。

どんなにいい種だって、日が差さない、水も与えられないところでは花を咲かせられません。

我が子のことを思わない親はいないのに、子供の栄養になる言葉を与える親が少なく、子供が自信を失う言葉ばかりを与える親が多いのは、私にはどうにも不思議に思えるのです。

我が子に
「いいところが見つからない」と
思うのは、親の怠慢。

0点のテストにも
ほめるべきところはきっとある。

子供が学校で問題を起こしてしまったら？

「子供は親の心を演じる名優である」と、私は常々思っています。または「子供は親の心を映し出す鏡」。子供とはそういう存在なのです。

しつけはある程度厳しくてもいいのですが、あまりに厳しくしてしまうと、それがそのまま子に伝染し、子供が友達に厳しく接するようになることがあります。

うちの園児の中にもそういう子がいました。

仮にAちゃんとしましょう。Aちゃんは他の園児たちに厳しい言葉であれこれと命令をするのです。注意深く見ていくと、Aちゃんに対するお母さんの接し方、口調までがそっくりでした。

第三者から見れば「親だとしても、少し厳しすぎるな」と思う口調や接し方も、幼い子にとっては「人にはそうして接するものなのだ」というお手本です。お母さんの厳しい言葉や態度は、Aちゃんにとっては「大好きなお母さんが教えてくれたこと」。けれど、他の園児たちにとっては「嫌なことを言われた」「いじめられた」ということになります。当然、問題になってしまいました。

親が乱暴な言葉づかいをすると、子供の口調も乱暴になります。ドアを足で閉めたり、他人の悪口を言ったり、ヒステリックに怒ったり、子供はすべてしっかり見ていて、同じように振る舞うようになるのです。

子供が心を閉ざしているようだったり、学校で問題が起こったりしているようなら、まずは自分に原因がないか振り返ってみてください。

親が自身の欠点に気づき、変わろうと努力すれば、子供も同じようにいい方向へと変わっていくはず。

いいえ、むしろ、子供は我が身の至らなさに気づかせてくれる、ありがたい存在といえるのかもしれません。

子供は親のすべてを見ている、親の心を映し出す鏡。

子供に問題が起こったときは、
その原因をまず自分の中に探すこと。

子供がいじめに関わっていないか心配

いじめのない世界が存在すればいいのですが、難しいものがあります。

人間が3人集まれば、少なからず強者と弱者、1対2の対立が生まれるもの。

いじめられる側にもいじめる側にもなってほしくないという親の願いには切実なものがあるでしょう。

これまで、たくさんの子供たちを見てきて、いじめる側になってしまう子にはある特徴があるように思います。

それは「家庭がリラックスできる場所でない」ということ。

子供にとって家庭は「守られている」と安心して、リラックスできる唯一の場所といってもいいところなのです。

その唯一の場所が家族間のいさかいなどで、トゲトゲしい雰囲気になっていたとしたら、子供の心もトゲトゲしくなります。

ひとりで外出できる年齢になれば、「こんな家にはいたくない」と、夜遊びが増えたり、帰ってこなかったりといった行動に出るのでしょうが、幼い子供のストレスは「カミツキ」などの行動に表れます。家族間の攻撃的な感情がそのまま子供に伝わっているかのように、攻撃的な行動に出てしまうのです。

園児にそういう行動が見られたときは、先生たちができるだけたくさん、やさしく抱きしめてあげるようにしています。

愛情というのは親以外でも与えることができるのです。「幼稚園は安心できる場所だよ。先生たちはみんな、あなたのことが大好きだよ」と、言葉だけではなく、体で、体温で伝えたい。心から安心させ、守ってあげたいのです。

人からの愛情をきちんと受けていない子供には、困難に打ち勝つ力が育ちません。その愛をまず子供に与えることこそ、親が絶対にしなければならない仕事。子供にとって親の愛情は、人生を築く土台となるものなのです。

夫婦でも一緒に生活していれば、お互いに不満もたまり、ケンカに発展することもあるでしょう。けれど、決してそれを子供に悟られないよう細心の注意を払ってください。とはいえ、子供が寝た後でこっそりケンカしたつもりでも、なぜか子供には感じ取られていることも多いものです。

家庭というのは宇宙です。太陽の周りを地球がまわっているように、お父さんとお母さんの周りを子供たちはまわっているのです。太陽にトラブルがあれば、惑星だって多大な影響を受けるでしょう。それと一緒のことです。

家庭が愛にあふれた子供にとって安心できる場所であれば、攻撃的な子供になることはありません。

もし、不幸にもいじめられる側になったとしても、家庭という絶対的な避難場所があれば、悲劇的なことにはならないでしょう。家庭でいじめの芽を摘むことは、十分に可能なのです。

家庭が愛情であふれていれば、いじめの芽を摘むことができる。

家庭は子供が安心できる唯一の場所。
やさしい空気で満たしてあげよう。

「両親がそろっている家庭」でないといけないのか？

シングルマザーやシングルファーザーとして頑張っている方が世の中にはたくさんいます。お父さんとお母さんにはそれぞれ違った役割があるので、それをひとりで担わなければならない苦労は相当なものだと思います。

そして、どんなに頑張っても、「両親がそろっている家庭にはかなわない」「子供に不便や偏りを与えてしまっているのではないか」という悩みを抱いている方も実に多いのです。

たしかに、お父さんはお母さんにはなれず、お母さんはお父さんにはなれません。それは仕方のないことです。

私はこう考えます。「ひとり親は『逆境』といえるかもしれないが、それを克服することで強い子になる」。

たとえば、お父さんのいない家の子は「自分がお父さんのようにお母さんを守る」と思っていることが多いものです。大人になって、自分が家庭をもってからでないと、もてないような責任感、愛情を家族に対してもつ。人生のドリルの大人用の問題に早いうちから挑むことができるのです。

これを「かわいそう」ととるか、「人間力を鍛えることができる」ととるかは人それぞれでしょう。

人間は10歳までにどれだけの愛情を注がれたかで、自己肯定感や打たれ強さなどに差が出てくるといわれています。ひとり親のご家庭で、意識して、たっぷり2人分の愛情を注がれた子供は、両親がそろっているけれども、どちらかが子育てに無関心な家よりも、愛情の量は多いかもしれません。

家庭の問題はさまざま。両親がそろっているからといって、決して問題がないわけではないのです。

何より、子供は親を見て育ちます。頑張っているお父さん、お母さんの姿は子供の心にしっかり響いているはず。自信をもって、強い子に育ててください。

家庭の問題はさまざま。
自信をもって、
たっぷりの愛情を我が子に注いで。

「かわいそう」と思うか、
「人間力が鍛えられる」ととるか。

学校の先生と
うまくいっていないときは

近年、モンスターペアレントと呼ばれる保護者によって起こる、さまざまな騒動が報道されるようになりました。

「なぜ、うちの子が学芸会の主役じゃないんだ」「うちの子が活躍できなかったから、運動会をやり直せ」といった主張は、たしかに常軌を逸しているでしょう。

それにより、若い教師たちが精神的苦痛を強いられているという報道が多数なされたせいか、今度は親のほうが学校側に言いたいことも言えない状況になっている一面もあるようです。

学校と親は、子供をよりよく育てるためのパートナー。意見交換は対等になされるべきです。意見する親はなんでもかんでも「モンスターペアレント」にされてしまうのは、ちょっとおかしいのではないかと思います。

子供がよそ見をしていて道で転んだとき。

「ちゃんと足元を見ていないからでしょう！」と怒るのは「正論」。「痛かったねえ。大丈夫？」と、まず声をかけてあげるのは「愛情」です。

子供も自分が悪いのはわかっています。転んで痛くて泣きそうです。そこに追い打ちをかけるように「正論」をぶつけるのと、共感という「愛情」をまず見せ、「よそ見していちゃ危ないよ」と諭すのとでは、子供の心に訴えるものはどちらが強いでしょう。

先生に「愛情」がないとはいいませんが、基本的に学校は「正論」を教える場所です。特別扱いは許されませんから、その「正論」からこぼれ落ちる子供たちも残念ながら出てきてしまうのが現実です。

「先生の言っていることは正論だけれども、我が子はそれに対応できない」、または「先生の言っていることは、正論とは言えないのではないか」、そんなふうに感じたとき、子供を守れるのは親だけです。

子供の言い分もしっかり聞く、先生の言い分もしっかり聞く。そのうえで「おかしい」と思うのなら、胸を張って、我が子のために戦ってください。

「うちの親は自分のことを信じて、しっかり守ってくれる」

たとえ、周囲から「モンスターペアレント」と謗《そし》られようとも、我が子のために戦う姿は、当の子供の心にどれほどの安心と栄養をもたらすでしょう。

あなたは、我が子のために戦う覚悟がありますか？

学校と親は、子供を育てる対等のパートナー。

子供を守るために意見することと、モンスターペアレントは別のもの。

我が子が日に日に言うことを聞かなくなっていく

中学生のお父さんお母さんからの相談で多いのが「我が子が言うことを聞かなくて困っている」というものです。

親というものはどうしても「我が子には、こうあってほしい」という願望を抱いてしまいます。「子供は子供、自分とは別の人生」と思っても、失敗しそうなほうへ進もうとしているのを見ると、たまらず「こっちでしょ！」と手を引っぱってしまいたくなります。

しかし、中学生くらいになると、「自分の道は自分で決めたい」という思い

が強くなります。それは親が望む道とは違う場合が多く、ついつい言い合いになり、

「あなたのことを思って言っているのに、ひとつも言うことを聞かない！」

「自分ひとりで生まれて、自分ひとりで大きくなったような顔をして！」

などという不満が出てきてしまうのです。

私から見たら、子供が自分の道を自分で決めたがるのは当然のこと。たとえ失敗したとしても、自分で選んだ道なら大丈夫。子供には「失敗する権利」もあるのです。

親は子供を愛するあまり、その権利さえ奪おうとしてしまいます。まさにカゴの中の鳥。自分の思い描いたカゴに押し込めようとせず、「大空に自由に羽ばたかせてあげましょうよ」と、私は思います。

思春期というものは、体はどんどん大きくなりますが、心はまだ半分、子供。

いつもなんだかイライラしているように見えるのも、思春期ならではのことです。決して、あなたのうちのお子さんだけの問題ではありません。

「以前とは、親に対する態度が明らかに違う」「ひどい口答えをするようになった」と思ったら、あなたのお子さんが正しく成長している証《あかし》。「めでたいこと」と思ってください。

私の塾でも、中学生の子供はみんな言っていますよ、「うちの親、サイアク～！」と。でも、それも子供みんなが通る道。

この時期、お父さんお母さんにお願いしたいのは「子供の態度は変わっても、親は変わらずに愛情を注いでください」ということ。

突っぱねているようでも、親からの愛情が不足すると、衝動的な行動に出やすいのもこの時期の特徴です。きちんと見守ってあげてください。

自分で選んだ道なら
どんどん進ませてあげよう。

子供の人生は子供のもの。
子供にも「失敗する権利」がある。

子供がひきこもりになってしまった

現代、ひきこもりは社会問題にもなり、解決策を誰もが模索しています。

私の周囲にも、ひきこもりになってしまった子がいました。学校でいじめられていたのを「心配をかけたくない」と親にも打ち明けられず、部屋から出てこられなくなってしまったのです。

ひきこもりは子供だけの問題ではなく、大人も同じようにひきこもりになります。私の塾の教師でも、ひきこもりになってしまった人が少なからずいます。

「教え方がうまくならない」「上司とうまく接することができない」など、目の前の壁を乗り越えることができず、ひきこもってしまったのです。

子供の場合も大人の場合も、ひきこもりになってしまう前に、周囲が気がつき、悩みを打ち明けてもらう努力をし、一緒に解決する姿勢を見せるべきです。悪いのは、本人だけではない。そうした努力を怠った周囲にもあると思います。

そうした反省も抱きつつ、私がどうするかというと「決してひとりぼっちにはさせない」ということ。電話をしたり、手紙を書いたり、「お前のことを信じているぞ」「また出社するのを待っているぞ」というサインを送ります。

ひきこもるのには、その人なりの理由があります。その理由を話してもらえないうちは無理に説得しようとしても逆効果です。

「朝、散歩してみなさいよ。天気のいい日の朝は気持ちがいいぞ」

「道端に生えている雑草見たか？　あんなに小さくても元気に生きているぞ。あちこちでみんな必死に生きている。お前の仲間がたくさんいるぞ」

などと、仕事とは関係のないことなどを話したりします。

ひきこもりの子を抱えた親が「私の育て方が悪かったのかもしれない」と思い悩むのは一理あると思います。親から愛情をたっぷり注がれてきた子供は、多少の困難にもめげずに進む力、たとえ失敗しても転んでも、立ち上がって歩き出す強さが備わっているからです。

思い当たる節があるのなら、今からでも遅くない、たくさんの愛情で空のコップを満たしてあげてください。愛情を注ぐのに、手遅れはありません。ひとりぼっちにせず、根気よく接してあげること。そして折に触れて、

「私はあなたのいいところ、たくさん知っているよ」

「あなたにしかできないことがきっとあるよ」

と、自信がもてる言葉をかけてあげてください。

「ほめる」「認める」「自信をつけさせる」の三原則は、人の心に生きるための

火を灯すマッチなのです。

一番つらいのは、本人です。

閉じこもっている殻にちょっとだけでも穴が開けば、そこからヒビが入り、殻を破りやすくなります。でも、本人の力だけではそれは難しい。

外側からの手伝いがどうしても必要なのです。

一番つらいのは本人。
外側から殻を破る
手伝いができるのは親だけ。

我が子に愛情を注ぎ、
自信を取り戻させるのに手遅れはない。

第4章

今、「逆境」にいる
――あなたへのドリル――

頑張っているのに、認めてもらえない

「頑張っているのに、認めてもらえない」と悩む人は、自分に何が足りないのか、何がいけないのかということが、わかっていないのかもしれません。

そういう人は一度、「頑張っているのに」という発想そのものを変えてみてはどうでしょう。

仕事というのは成果を出さないと認められないものです。多くの会社は社員が頑張る気持ちに給料を払っているわけではありません。頑張って出した成果に対して給料は払われるのです。

給料をもらっている以上、その道のプロでなくてはなりません。

うちの塾なら、生徒たちが「解けない問題が解けるようになった」「成績が上がった」「志望校に合格できた」という成果を出せるように導く教師がプロと言われます。

こんなことを言うと、「努力だけでは報われないのか」と思ってしまう人がいるかもしれませんね。「結果よりも、頑張っているプロセスを見てほしい」という人もいるでしょう。

「努力が報われない」のは、努力の仕方が間違っているからではないでしょうか。「プロセスを見てほしい」という人は「成果が出なかった」という面には目をつぶってしまっています。自分で「頑張っている」というのは、甘えでしかないのかもしれません。

我が社の社員のみなさんを見ていても、成果の出ない人は基本ができていないことが多い気がします。

たとえばある人は、ほとんど「報告」ができない。しびれを切らして、「この間、頼んだことはやってあるの？」と聞いて、やっと報告に来る。本人は報告するヒマがないくらい頑張っているのかもしれませんが、「上司に報告する」という基本ができていないのでは、信用されません。

ある人は、仕事は速いけれど、会議に遅刻したり、挨拶をしなかったり。こちらも社会人として失格です。

報告すること、時間を守ること、挨拶をすること。ひとつひとつは小さなことですが、そういうことこそを疎かにしない。「神は細部に宿る」と言われます。どんな小さなことでも、ひとつひとつ、心を込めた仕事には神様が宿ってくるのです。

私は、テストの点数が悪くても生徒を叱ることは原則ありません。理解のスピードは人それぞれ、80点とれる子もいれば、30点しかとれない子がいてもおかしくはないのです。

私が叱るのは、「やればできること」をやらない場合です。「遅刻をしない」「授業中は私語を慎む」は、やればできること。そういう「やればできること」を疎かにすることは許さないのです。

まずは、やればできることを実直に積み重ねていくこと。それができない人間が「大きなプレゼンをまとめる」などということはまずないと思います。「評価されない」と腐る前に、細部まで見つめ直して、仕事をしてほしいと思います。

「結果より、プロセスを見てほしい」は甘えでしかない。

なぜ成果が出ないのか。基本を見つめ直し、「やればできること」を積み重ねていこう。

金銭的に追い詰められている

金銭的な問題を抱える人というのも多いものです。

経営者にとって金銭的に追い詰められることは、会社が倒産の危機にあること。私自身も何度も倒産の危機を経験しています。

あるときは、我が社のメイン銀行が「取り引きをやめる」と言って来たことがありました。

取り引きを切られたら、経営は成り立ちません。多額の借金を抱えることを覚悟して、「家を売って、アパートに引っ越そう」と考えたり、お金を貸してくれそうな知人の名前をノートに200名くらい書き出し、「この人にはいくら……」とひとりひとりの借金額を計算したりもしました。

しかし絶望的な気持ちではなかったのです。なぜなら心のどこかで「融資してくれる銀行が必ずある」と思っていたからです。

すると、本当に「取り引きしたい」という銀行が現れたのです。

まさに「首の皮一枚」の状況ではありましたが、銀行の方と会うときには、明るく堂々とした態度でいることを心がけました。そして、笑顔で「貴行がメイン銀行になってくださるなら、取り引きしましょう」と言いました。

かなり強気の条件でしたが、みごと取り引きは成立となり、我が社は危機を脱したのです。

もしもあのとき、私が金策に疲れ果てた暗い顔をしていたら、銀行側はこちらの心情を見抜き、取り引きをしてくれなかったかもしれません。たとえつらくても、明るく振る舞い、自信に満ちた態度を醸し出そうとしていた姿勢が効を奏したのかもしれません。

「思いは具現化する」と言います。「もう駄目だ」と思ったら、やってくるのはそのままマイナスの現実です。でも「絶対に大丈夫だ」と思っていたら、プラスの現実を引き寄せられるのです。

思うだけではなく、言葉に出すことも大事です。私は最近、朝に腹筋運動を100回やっているのですが、「キツイなー」と言うと続きません。でも「100回なんてチョロい、チョロい」と言っていると簡単にできるのです。

だから、私はいつも社員のみなさんにこう言います。

「良き思い、良き言葉、良き笑顔を常に忘れないでください」と。

常にプラスの杭を打ち込むことで、人生が良きほうへと変わっていくからです。

誰にでも人生のピンチは訪れます。時には、金銭的に追い詰められることもあるでしょう。でも自分でできる限りのことをしつつ、明るく笑顔で「きっと大丈夫」と思っていてください。

笑顔と明るさはミラクルパワー。それがあなたをピンチから救い、人生を幸福へと導いてくれる。私は心からそう信じています。

笑顔と明るさはミラクルパワー。
成功だって引き寄せられる。

ピンチのときこそ、笑顔で「きっと大丈夫」。
自分を信じよう。

自分の居場所が見つからず、転職を繰り返す

入社後、ひとつの会社で定年まで働く人もいれば、新天地で自分の可能性を試したいと転職する人もいます。私も銀行員から起業しました。

我が社でも、転職していく人はいます。元社員が新天地で活躍していたら、笑顔で成功をお祝いできます。しかし転職したものの、そこも数年で辞め、また別の会社へと、転職を繰り返す人も少なくないのです。

理由はいろいろあるでしょうが、「自分と合わない」「上司とうまくいかない」などということが多いようです。私はそういう人は「どの会社へ行っても

同じだろう」と思います。

転職を何度も繰り返す人の共通点は、何か問題にぶつかったとき、その問題と向き合わず、逃げてしまうことです。自分の至らなさには目を向けず、会社や上司のせいにしてしまうのです。

「ここには自分を理解してくれる人はいない」「ここは自分の居場所じゃない」と思うより先に、自分がどれだけ周囲の人を理解し、居場所をつくるべく努力したかを省みるべきではないでしょうか。

たとえば、無口で無表情な上司が苦手だったら、その上司から笑顔を引き出すことを1日の小さな目標にしてみたらどうでしょう。話しかけたり、相談したり、たまには冗談を言ったりするうち、上司とすっかり打ち解けられたら、その問題はクリア。部署異動になって、新しい上司がまた無口な人だとしても、そういう人への苦手意識はもうあなたの中にはないはずです。

人生はドリルです。そうやって自ら進んで問題を解決していけば、その後、二度と同じ問題は出てきません。しかし、問題をクリアしない限り、何度でも出題されます。いわば追試です。努力もせず、「ここは自分の居場所じゃない」と転職を繰り返せば、新しい職場でまた同じ問題が出題されるだけ。ドリルから逃げることはできません。

ここまでお話ししてきた、ありとあらゆる悩みや問題。それらはすべて、あなたのための人生のドリルから出題されたものなのです。

「いつも同じ壁にぶつかるなあ」というあなた、その問題をクリアしないまま、逃げてばかりいるのではないでしょうか？

人生はドリル。
クリアしない限り、
一生問題から逃れられない。

「同じような問題ばかり起きる」という人は、
自分を見つめ直してみよう。

失敗を引きずり、新しい一歩を踏み出せない

人は「楽しかった」「運がよかった」ということよりも、「トラブルに巻き込まれた」「苦しかった」ということのほうをより強烈に覚えているものです。おそらく不幸は心に傷を負うなど痛みを伴うため、より深く記憶に刻み込まれるのかもしれません。

しかし、不幸を引きずることは幸運を逃すことにつながります。

過去の失敗から、新しい一歩を踏み出す勇気をもてずにいる。そんな人は今が踏ん張りどきです。なんとか一歩を踏み出してください。

「過去の呪縛から自分を解放すること」、それこそが今のあなたに突きつけられている問題なのですから。

問題をクリアしないままでいると、追試状態が続くだけでなく、運気はどんどん下がってしまいます。「負のスパイラルから抜けられない」という人は、まさにこの状態にいるのでしょう。

考えてみてください。追試をパスできていないのに、上の学年に進級できるはずがないとは思いませんか？　問題から逃げて、違う方向へ行けば新しい幸せが待っている、なんてことはあり得ないのです。

私もここまでお話ししてきた以上に、たくさんの失敗を経験してきました。息つく間もなく出題される問題を必死に解いて、乗り越えているうち、ふと気づいたことがあります。

問題を解けば解くほど、人は成長し、豊かな人間になっていくということ。

なかには「乗り越えるのは絶対に無理」という難問もあることでしょう。でも決してあきらめないでください。

人生のドリルには、あなたが解ける問題しか出てこないのです。あきらめず、乗り越えようと努力し続ける限り、必ず解けるものなのです。

私の実体験から言うと、ひとつの問題をクリアするのに半年以上はかからないようです。「私は苦しい状態がもっと続いている」という人は、もしかしたらクリアする努力を怠っているのかもしれません。

いつまでも、その負のスパイラルの中にいますか？　それとも、頑張って乗り越えていきますか？

人生のドリルには、あなたが解ける問題しか出てこない。

どんなに難しい問題も、
半年間、真剣に向き合えば、きっと解ける。

他の人がみな、自分より幸せそうに見える

「隣の芝生は青く見える」という言葉があります。人間は欲深い生き物ですから、十分に幸福でも他人と比較し、もっといい思いをしている人を見つけたら、その人をうらやんだりせずにはいられない一面があるようです。

たとえば就職試験で、友達が自分よりも大手の会社から内定をもらったら、自分に内定をくれた会社がちっぽけに思えてしまう。ちっぽけな会社の内定しかもらえなかった自分のこともちっぽけに思えて、みじめな気持ちになってしまう。

内定をもらえた人は、会社が「欲しい」と認めてくれた人材なのです。「もっと胸を張ってよいのでは」と、言いたいです。

みんな、自分より上ばかりを見て、「うらやましい」と、ため息をつく。今の自分が十分に恵まれていることに、気がついていないのではないでしょうか。

突然、歯の痛みに襲われたとしましょう。ズキズキと片時もやまない痛み。食事も取れません。きっと「ああ、昨日の私はなんて幸福だったんだろう」と思うはずです。

健康なときは、それが当然だと思っています。けれど、ひとたび病に見舞われたとき、健康であることがどんなにありがたいことか、幸せなことだったかを思い知るのが私たちなのかもしれません。

数年前、カンボジアに雨漏りのひどい、ボロボロの校舎で勉強をしている子供たちが数多くいると聞き、私たちは新しい校舎を建て、寄進することを決めました。竣工《しゅんこう》式に合わせ、現地を訪れた私たちを迎えてくれたカンボジアの子供たちの輝くような瞳、合掌して声を合わせて言ってくれた「ありがとうございます」の言葉を一生忘れることができません。

そして何より印象的だったのが、お土産のノートと鉛筆をひとりずつに手渡したときの、子供たちのうれしそうな笑顔。

今、日本の小学生にノートと鉛筆をあげて、いったいどれくらい喜ばれることでしょう。

雨漏りのしない冷暖房完備の学校で、お気に入りの文房具を使い、きちんとした教育が受けられる。それがどれほど恵まれていて、幸せなことか。その大きな幸せに気づけていない。大人も教えられていないのです。

ヘレン・ケラーは目が見えず、耳が聞こえず、話すこともできませんでしたが、「その3つ以外はすべて神様から与えていただいている。こんなに与えられている自分は人々に希望を与えることで神様にお返しをしたい」と言ったそうです。

人がもっていて、自分がもっていないものを数えるのではなく、今、自分に与えられている幸せを数える。

他人のほうが幸せに見える人は、改めて自分に与えられた幸せを確認してみてください。元気な体、たくさんの友達、働ける場所があること、家族で囲む食卓……。あなたは今、いくつの幸せを手にしていますか？

もっていないものではなく、
今、自分に与えられている
幸せを数えよう。

元気な体、家族、友達、
働ける場所があるのは、それだけで幸せなこと。

還暦を過ぎても、人生思う通りにいかない

「これまでずっと問題続きだった。還暦を過ぎれば、少しは楽になるかと思ったけれど、また新しい問題が起きる。いつまでこんなことが続くのだろう」

そう思っている人には大変申し訳ないのですが「人生はドリル」です。私たちは、問題を解くために生まれてきているのです。

10代で抱えるのは、学校、受験、友人関係、恋愛の悩みなど。20代、30代になると就職活動、仕事、人間関係、恋愛、結婚、家族など。40代、50代になると、育児、仕事、夫婦、親の介護問題にも直面し、その先には、自分の老いの

問題も抱えることになります。

それぞれの年代に、特有の問題があります。これまでの問題をしっかり解いてきた人にとっても、解き方すらわからない未知の問題が新しい年代には待ち受けているのです。

「これからの人生に希望がもてない」という人は、そういった悩み、問題の数に頭を抱えているのではないでしょうか？

そういう方には逆の発想をしてほしいのです。問題が生じたら、胸を張って、こう思ってください。

「まだまだ私は現役。学べることがある、やるべきことがたくさんある！」と。

私も20世紀の半ばに生まれた人間です（通常は「38歳」ということにしていますが……）が、新しい問題が起きると、「やった、自分にはまだ成長するのびしろがあるんだ！」と、考えています。

人間はいくつになっても成長できる。こんなに喜ばしいことはありません。あなたもまだまだ変われる。いくらだって、輝けるのです。

人間関係、子育て、仕事など、生きていればさまざまな問題にぶつかります。それらはすべて人生のドリル。神様が与えてくれた問題を前向きにとらえ、一生懸命考えて、答えを見つけ出し、乗り越えていってほしいと思います。

問題を解くことが、あなたの生き甲斐に変わるとき、あなたの心にはきっとたくさんの幸福の花が咲いていることでしょう。

新しい問題が起きるということは
「まだまだ成長できる」という証。

問題を解くことを生き甲斐に思えれば、
人生をもっと楽しめる。

おわりに

「生きるというのは大変なことだな」と思う反面、「生きるというのは喜びだな」と思うことがあります。

人間関係、子育て、仕事など、生きていればこそさまざまな問題にぶつかり、人は苦しみ、悩みます。

あるとき、ふと気づいたことがあります。

問題を解けば解くほど、人は成長し、豊かな、大きな人間になっていく。

すべては、神様が与えてくれた人生のドリル。与えてくださった問題を前向きにとらえ、一生懸命考え、答えを見つけ出し、乗り越えていけば、人間はいくつになっても成長できるのです。

こんなにうれしいことはありません。あなたもまだまだ変われる。いくらだって、いくつになっても輝けるのです。

私がこれまでの実体験を通し、感じ、考えたことをできるだけやさしい言葉で綴ってみました。

もし、今あなたが、苦しみの中、絶望の縁にいるとしたら、この本の一片の言葉があなたの心の中に届くことを願ってやみません。

人生のドリルを解くことが、あなたの生き甲斐に変わるとき、あなたは星の如く輝き、笑顔や幸福の花があなたの心の宇宙に咲き乱れることでしょう。

あなたは決してひとりではありません。一緒に人生のドリルを解く仲間です。

あなたに本物の笑顔と幸福が訪れることを心から願っています。

平成28年11月吉日　　河内宏之

著者プロフィール

河内宏之（かわち・ひろし）

栃木県出身。大学卒業後、銀行勤務を経て、1976年に塾を栃木県で創業。自ら教壇に立ち、現在は0歳～大学受験までの「堯舜幼稚舎」「堯舜インターナショナルスクール」「進学塾QUALIER」「進学塾ACADEMY」「個別指導 満点の星」「大学受験予備校」など生徒総数約10000名、教職員約400名の教育機関アカデミー・グループ代表として、21世紀に世界で活躍する人財を育成すべく挑戦を続けている。

また「CSR活動」として、栃木県の少年サッカー「クオリィア杯」の主催、全国中高生女子アイスホッケー大会の後援、カンボジア2校、ネパール2校、バングラデシュ1校の学校を寄贈。カンボジアではインターナショナル幼稚園に「カワチ式教育法」を提供し、世界の子供達の教育支援など多くの取り組みを行う。

ラジオ番組「河内ひろしのクオリィアタイムズ」パーソナリティー、東日本大震災被災児童の支援プロジェクト「Support Our Kids」発起人、その他、著作・コラムの執筆、研修・セミナー講師など、活動は多岐にわたる。

主な著書に、『国家百年の計としての教育改革』（社会評論社）、『勇気が10倍湧いてくる言葉』（PHP研究所）、『社長！会社はこう動かすと潰れません』（中経出版）、『タイムトラベル宇都宮2022』（ダイヤモンド社）、『0-10歳『天才力』を育てるクオリィア学習法』（幻冬舎ルネッサンス）、『今月の言葉集Ⅰ』『輝け未来』（ともにアカデミー）などがある。

大丈夫。あと少しで、きっと解ける。
人生はドリル

2017年3月10日　第1刷発行

著　者　河内宏之
発行人　見城 徹
編集人　福島広司

GENTOSHA

発行所　株式会社 幻冬舎
〒151-0051　東京都渋谷区千駄ヶ谷4-9-7

電話　03(5411)6211(編集)
03(5411)6222(営業)
振替　00120-8-767643
印刷・製本所　株式会社 光邦

検印廃止

Printed in Japan
ISBN978-4-344-03082-4　C0095
幻冬舎ホームページアドレス　http://www.gentosha.co.jp/

この本に関するご意見・ご感想をメールでお寄せいただく場合は、
comment@gentosha.co.jpまで。